1

Die Abenteuer vom kleinen Drachen Felix

Von

Evelyn Landt

Der kleine Drache Felix – Wie alles begann

An einem warmen Frühlingstag beginnt die Geschichte. Genauer gesagt, meine Geschichte.

Darf ich mich kurz vorstellen? Ich heiße Felix, bin ein kleiner Drache und lebe mit meinen Eltern und meinen beiden Geschwistern Tom und Lisa auf der Insel Hula.

An diesem besagten Tag kam ich auf die Welt. Alle waren von meinem Anblick verzaubert.

Meine Eltern dachten sich einen Namen für mich aus. Was nicht ganz leicht war.

Anfangs kamen fürchterliche Vorschläge.

Balduin, Kurt, Hans, um nur einige zu nennen. Erst nach gut einer Woche gaben sie mir den Namen *Felix.*

Die Zeit verging und ich entwickelte mich prächtig. Im zarten Alter von nur drei Jahren begann ich bereits die Welt für mich zu entdecken. Ich musste einfach alles anfassen. Egal ob Blumen, Schnecken oder Erde. Einfach alles wurde von mir unter die Lupe genommen und untersucht. Es war interessant für mich.

Meine Geschwister hingegen hatten nur Unsinn im Kopf. Sie spielten den anderen

Tieren ständig Streiche und spuckten Feuer. Was ich nicht verstand und bis heute noch nicht verstehe. Es ist doch viel schöner, wenn alle in Frieden mit einander leben und kein Schaden angerichtet wird.

Als ich zehn Jahre alt war, wurde mein Entdeckersinn immer stärker. So unternahm ich Tag für Tag neue Reisen, lernte neue Freunde kennen und blieb bis zum späten Abend weg. Meine Familie schüttelte nur den Kopf. Doch das war mir egal.

Eines Tages, die Sonne ging gerade auf, machte ich einen Ausflug zu einem großen

Vulkan. Schon von weitem sah ich Rauch aufsteigen und hörte das Grollen. Da hatte ich schon etwas Angst. Doch ich nahm all meinen Mut zusammen und wanderte weiter. Nachdem ich eine ganze Weile gelaufen war, stand ich direkt davor. Was für ein Vulkan.

Ich flog an den Kraterrand und schaute hinein. In seinem Inneren brodelte es. Es sah ganz so aus, als wenn er gleich ausbrechen wollte.

Plötzlich stolperte ich über einen Stein und fiel in den Vulkan hinein. Ziemlich unsanft landete ich auf einem Vorsprung.

Benommen schaute ich an mir herunter und bemerkte, dass ich ganz mit Ruß verschmiert war. Doch ansonsten war mit mir alles in Ordnung. Noch nicht mal eine kleine Schramme hatte ich. Das nennt man Glück im Unglück.

Ich versuchte aus dem brodelnden Ungetüm wieder heraus zu kommen und fand schließlich einen Geheimgang. Dieser führte durch einen Tunnel. Am anderen Ende standen zwei Wege zur Auswahl. Doch welchen sollte ich nehmen? Ich war ratlos.

Schließlich entschied ich mich für den rechten Weg. Das war eine gute Entscheidung. Denn dieser Weg führte mich zu einer Schatzkammer. Überall standen Kisten herum mit Rubinen, Gold, Uhren, Kelchen und anderen schönen Dingen. Ich nahm so viel mit, wie ich tragen konnte. Dann ging es wieder zum Ausgang. Plötzlich bebte die ganze Erde. „Oh, nein.", dachte ich so bei mir.

Nun musste ich schnell raus. Denn der Vulkan stand vor dem Ausbruch. Ich kam gerade wieder oben an, als ich von einer

Druckwelle erfasst wurde und auf einen Baum geschleudert wurde.

„Puh, Glück gehabt. Das hätte auch anders ausgehen können."

Ich sammelte all meine Sachen wieder ein und ging nach Hause, wo ich auch schon von meiner Familie erwartet wurde.

Meine Eltern schimpften gleich mit mir. Sie fragten mich, wie ich denn wieder aussehen würde. Also erzählte ich ihnen die Geschichte.

Meine Familie bewunderte meinen Mut. Ganz besonders meine Geschwister.

Nach dem Abendbrot badete ich und ging danach sofort ins Bett. Denn der Tag war für mich sehr anstrengend. Ich träumte davon, wie ich größere Vulkane erklimmen würde und dass ich viele Freunde hätte.

Als ich dreißig Jahre alt war, hatte ich meinen großen Tag. Ich durfte in die Schule gehen.

Bei uns Drachen ist das anders als bei euch Menschen. Denn wir leben länger als ihr. Ein Drache kann schon mal 300 Jahre alt werden. Und weil wir so alt werden, müssen wir auch erst später in die Schule. Doch da wird es dann richtig anstrengend.

So viele Dinge die man dort lernen muss. - Feuer spucken, Kunstflug lernen, Nahrung finden und lauter solche Sachen.

Ich kam also, wie schon gesagt, in die Schule. Doch am Tag der Einschulung gab es einen starken Schneesturm. Also kein Wetter um draußen zu feiern.

Nachdem wir unsere Klassenlehrerin Frau Drachenstark kennen gelernt und wir uns alle vorgestellt hatten, ging es wieder zurück zu unseren Familien.

In der Höhle angekommen, wartete eine große Überraschung auf mich. Meine Eltern und Geschwister hatten mein Zimmer mit Luftballons und Luftschlangen dekoriert und mir zwei große Töpfe Honig zum Geschenk gemacht. Ihr müsst nämlich wissen, dass ich Honig sehr gerne mag. Auch wenn das für uns Drachen nicht normal ist. Doch jeder hat ja seinen eigenen Geschmack.

Es wurde noch ein lustiger Tag. Gegen zwanzig Uhr ging ich dann ins Bett. Denn am nächsten Morgen musste ich schon früh raus.

„Aufstehen, Felix!", rief meine Mutter.

„Sonst kommst du noch zu spät zur Schule. Geh dich waschen, komm frühstücken und dann mach dich auf den Weg. Denn du willst doch an deinem ersten Tag nicht zu spät kommen, oder?"

„Natürlich nicht, Mama. Ich bin gleich da."

Schnell zog ich mich an, schnappte mir ein Honigbrötchen und flog so schnell ich nur konnte zur Schule.

An diesem Tag herrschte ein fürchterlicher Sturm. Und beinahe wäre ich von einem herumfliegenden Ast getroffen wurden. Doch es ging alles gut und ich kam pünktlich in der Schule an.

In der ersten Stunde hatten wir Pflanzenkunde mit Frau Hase. Sie zeigte uns welche Pflanzen giftig sind und welche nicht. Ich hörte aufmerksam zu. Danach machten wir Flugübungen und lernten Feuer zu spucken. Doch das gefiel mir nicht im Geringsten. Immer das Zerstören von Gegenständen. Das war absolut nicht meine Welt. So sehr ich mich auch bemühte, es wollte nicht klappen. Frau Drachenstark sprach nach der Stunde mit mir und sagte, dass es völlig normal sei, wenn ich ein guter Drache sein will.

Frau Drachenstark gab mir für meine Eltern einen Brief mit.

In diesem stand, dass ich Probleme mit dem Feuer spucken habe und sie mich darin unterstützen sollen, wenn ich ein lieber Drache werden möchte. Am Abend sprachen meine Eltern mit mir darüber.

Meine Mutter sagte: „Felix, komm mal zu uns. Wir wollen dir mal eine Geschichte über deinen Opa Heinz erzählen. Weißt du? Er wollte auch kein Feuer spucken. So wie du jetzt. Er hat auch jedem geholfen und hatte viele Freunde."

„Wie sah denn mein Opa aus? Wie alt ist er geworden? Ich kann mich gar nicht an ihn erinnern."

„Tja. Dein Opa Heinz war sehr groß und dunkelgrün. Er hatte silberne Hörner und Flügel, die im Sonnenlicht in allen Farben des Regenbogens schimmerten. Dein Opa wurde 250 Jahre alt. Außerdem trug er einen blauen Ring mit einem Drachensymbol. Wenn er daran drehte, konnte er alle Brände löschen."

„Und nun bist du bereit, ihn zu tragen. Er soll dich stets begleiten. Auf all deinen Wegen und dir Glück bringen. Wir haben dich ganz doll lieb.", fügte mein Vater hinzu.

Ich umarmte die beiden und hielt sie ganz fest. Dann gab ich ihnen noch einen Kuss und ging anschließend ins Bett.

Jahr um Jahr verging und bei mir ging es weiter Berg auf.

Das Fliegen klappte super – ich war sogar Jahrgangsbester.

Mit Pflanzen kannte ich mich auch richtig gut aus und ich war beliebt bei allen Tieren.

Zu meinem vierzigsten Geburtstag schenkte mir meine Familie ein Lexikon mit den Tieren aus aller Welt. Darüber freute ich mich sehr.

Gleich am nächsten Tag, wir hatten noch Ferien, verkroch ich mich unter einen wunderschönen Apfelbaum und las in dem neuen Buch. Und erst als es dunkel wurde ging ich wieder nach Hause.

Meine Mutter fragte gleich: „Wo warst du denn so lange? Wir haben uns schon Sorgen um dich gemacht."

„Ich saß unter einem Apfelbaum und habe in dem Tierlexikon gelesen, welches ihr mir zum Geburtstag geschenkt habt. Es ist wirklich sehr interessant. Wusstet ihr zum Beispiel, dass…".

Doch meine Eltern interessierte nicht was dort stand.

Mein Vater meinte nur: „Das ist ja schön, dass du ein Hobby gefunden hast. Aber lass uns jetzt bitte essen. Der Fisch wird sonst kalt."

„Ich habe keinen Hunger. Ich werde wohl gleich ins Bett gehen.", antwortete ich enttäuscht. „Gute Nacht! Bis morgen früh."

Im Morgengrauen erwachte ich und war voller Pläne. Ich wollte unbedingt neue Freunde kennen lernen.

Also frühstückte ich, packte mir etwas Proviant ein, hinterließ meiner Familie eine Nachricht in der Küche und schon ging es los.

In der Zwischenzeit kamen Menschen auf unsere Insel. Es waren Forscher. Als sie meine Familie erblickten, staunten sich nicht schlecht. Denn Drachen kannten die Menschen nur aus Büchern.

Mein Vater fragte: „Was wollt ihr hier? Das ist unsere Insel."

„Wir heißen Tim, Laura und Otto. Und wir sind von eurem großen Vulkan sehr beeindruckt.", sagte die Frau.

„Wir leben auf einem großen Schloss. In einem weit entfernten Land. Habt ihr nicht Lust, uns dorthin zu begleiten und bei uns zu wohnen? Ihr werdet es dort auch sehr guthaben."

Meine Familie überlegte einen Moment und willigte schließlich ein.

Als ich am Abend zurückkehrte, war niemand da.

Wo waren sie nur?

Ich suchte die ganze Insel ab, fand sie aber nicht.

Erschöpft vom Fliegen kehrte ich in der Nacht zurück. Erst jetzt bemerkte ich den Zettel an der Eingangstür.

Auf diesem stand: *Lieber Felix. Bitte mache dir um uns keine Sorgen. Menschen waren hier und haben uns mit auf ihr*

Schloss genommen. Pass auf dich auf und vergiss uns nicht. Wir haben dich ganz doll lieb. Deine Familie!

Anfangs hielt ich dies für einen schlechten Scherz. Doch es war kein Spaß. Dies erkannte ich am nächsten Morgen.

Denn ich rief nach meiner Familie, fand sie jedoch nicht. Da fiel mein Blick auf den Zettel. Ich las ihn mir immer wieder durch.

Was sollte ich nur tun? Meine Familie einfach suchen? Oder noch auf einen Brief von ihnen warten?

Es war eine schwierige Entscheidung für mich.

Wollt ihr wissen, wie es weiter geht? Und was ich sonst noch so erlebe?

Dann freut euch schon auf den nächsten Teil.

Bis dahin, alles Gute! Euer *Felix!*

ENDE

Der kleine Drache Felix auf großer Reise

Hallo Kinder! Hier bin ich wieder, euer Felix.

Erinnert ihr euch noch an meine letzten Abenteuer und daran, dass meine Familie von Menschen mit auf ihr Schloss genommen wurde?

Zwei Jahre ist das nun schon her und die Zeit verging wie im Fluge.

Heute möchte euch die Geschichte erzählen, wie ich meine sechs guten Freunde kennen gelernt habe.

Das sind: Willi Wüstenrennmaus

Harry Hase

Manfred Maulwurf

Alfred Ameise

Susi Salamander und

Dirk der Delfin

Na, wollt ihr die Geschichte hören? Dann macht es euch gemütlich und begleitet mich weiter durch meine Welt. Also, los geht es!

Willi die Wüstenrennmaus

Also, Kinder. Als erstes möchte ich euch erzählen, wie und wo ich meinen Freund Willi die Wüstenrennmaus kennen gelernt habe.

Es begann alles an einem verschneiten Tag im November, auf der Insel Hula. Dort lebe ich.

Hula ist wunderschön.

Die Insel besteht aus vielen Palmen, einer Menge Sand, ein paar riesigen Felsbrocken und einem großen Vulkan.

Leider lebe ich im Moment alleine auf Hula, da ja, wie ihr schon wisst, Menschen meine Eltern und Geschwister mit auf ihr Schloss genommen haben.

Jedenfalls war mir ziemlich langweilig dort.

Also beschloss ich durch die Welt zu ziehen und mir neue Freunde zu suchen.

Doch bevor ich meine Reise antreten konnte, musste ich mir erst einmal ein Proviantpaket fertig machen.

Ich nahm zehn Fische, zwei Töpfe Honig, drei Kokosnüsse und vier Pfoten voll von den leckeren Waldbeeren mit. Das musste fürs Erste reichen.

Als dies erledigt war, machte ich mich auf den Weg zu meiner Höhle und ging zeitig schlafen. Da ich mir vorgenommen hatte am nächsten Morgen schon früh aufzubrechen.

Gesagt, getan. Ich startete mit meinem Proviantpaket auf dem Rücken und flog, der aufgehenden Sonne entgegen.

Mir bot sich ein wundervolles Bild. Die Natur schlief unter einer zarten Schneedecke. Nur ab und zu sah ich ein paar Rehe die hinter Tannen hervor kamen und sich Futter suchten.

Dies taten auch Vögel, die ich am Himmel sah.

Da ich sehr neugierig war, fragte ich einen großen Vogel: „Hallo, was machst du denn da? Wartest du etwa darauf, dass sich Mäuse blicken lassen und du sie dir dann holen kannst?"

„Das geht dich gar nichts an. Lass mich einfach in Ruhe! Ich möchte jetzt nicht mit dir sprechen".

Ich dachte so bei mir, dass es wahrscheinlich nicht sein Tag war und dass er mich deshalb so angebrüllt hatte.

Es muss so um die Mittagszeit gewesen sein, als ich großen Hunger verspürte. Also suchte ich mir ein schönes Plätzchen, packte meinen Proviant aus und aß einen Fisch und ein paar Waldbeeren.

Als ich fertig war erhob ich mich wieder in die Lüfte.

Nachdem ich eine ganze Weile geflogen war, bemerkte ich, dass es immer wärmer wurde. Der Schnee in der Landschaft wurde weniger, bis er gar nicht mehr zu sehen war. Anstatt dessen war es überall grün, die Bäume und Blumen blühten und die Vögel zwitscherten ihre schönsten Lieder. Es war einfach herrlich.

So langsam wurde es dunkel und ich müde. Also suchte ich mir unter einem großen Baum einen Platz, aß noch eine Kokosnuss und schlief schließlich ein.

In dem Traum verarbeitete ich die Ereignisse vom Tag.

Am nächsten Morgen wurde ich von den Sonnenstrahlen geweckt. Sie kitzelten meine Nase, worauf ich auch gleich zu niesen begann.

Als dies vorbei war, meldete sich mein Magen. Er war sehr schlecht gelaunt. Aber das war ja auch kein Wunder. Denn schließlich hatte er Hunger.

Ich überlegte mir, was ich denn essen könne, um meinen Magen zu beruhigen.

Schließlich fiel mir ein, dass ich ja noch Proviant bei mir hatte.

Ich holte also den Beutel mit dem Essen hervor und nahm mir etwas von dem guten Bienenhonig. Diesen ließ ich mir sichtlich schmecken.

Nach dem Frühstück packte ich wieder alles zusammen und erhob mich in die Lüfte. Der Himmel erstrahlte in unzähligen Rottönen.

Plötzlich wurde es sehr heiß. Wo war ich nur?

Kein Baum. Kein Strauch. Keine Blumen. Kein Vogelgezwitscher. Nur Sand weit und breit.

Doch was war das? Etwa eine kleine Insel?

Aber das konnte doch nicht sein. Eine Insel ist doch normalerweise von Wasser umgeben.

Ich rieb mir die Augen. Denn ich dachte, es wäre nur ein Traum. Jedoch war es keiner.

Nun flog ich schnell zu dieser kleinen Insel hin und landete neben einer großen Palme.

Das war geschafft.

Am Wasserloch trank ich erst mal. Es schmeckte sehr gut.

Danach ging ich zur Palme zurück, legte mich hin und machte die Augen zu.

„Hey, Kleiner! Wo kommst du denn her und was für ein Tier bist du?", hörte ich eine Stimme sagen.

Ich erwachte aus einem langen Schlaf.

„Wo bist du? Ich kann dich nicht sehen!", antwortete ich.

„Ich bin hier! Direkt vor deinen Füßen. Schau doch mal runter! Genau, jetzt hast du mich gefunden.", sagte das kleine Tierchen.

Es hatte eine niedliche Stimme, welche mir sehr gefiel.

Das Wesen hatte einen langen Schwanz, einen braunen Hut auf und Handschuhe an. Außerdem trug es ein Halstuch.

„Ich heiße Willi und bin eine Wüstenrennmaus. Ich liebe es Käse zu essen. Der schmeckt mir so gut. Und du? Was machst du hier und wo kommst du her?"

„Ich heiße Felix und bin ein kleiner Drache. Ich liebe es Kokosnüsse und Honig zu essen. Was bei uns Drachen ungewöhnlich ist. Jedoch mag ich den Duft von süßem Honig.", antwortete ich.

„Und was machst du hier? Und woher kommst du? Diese Fragen hast du mir noch nicht beantwortet."

„Nun bleib doch mal ganz ruhig. Ich war doch noch nicht fertig mit erzählen."

„Oh, das tut mir leid. Das wollte ich nicht.", sagte Willi.

„Also, ich komme von der wunderschönen Insel Hula. Sie ist sehr weit weg von hier. Und ich bin auf der Suche nach neuen Freunden."

„Weißt du was?", fragte Willi. Wir können ja Freunde werden. Ich finde dich sehr nett. Und was mir noch aufgefallen ist, ist, dass du sehr freundlich bist. Die meisten Drachen sind doch böse."

„Ja, das stimmt schon. In meiner Familie wollen alle nur Feuer spucken und die Menschen erschrecken. Ich bin da anders. Wenn wir ihnen nichts tun, dann machen sie auch nichts.", sagte ich traurig und eine Träne rann über meine Wange.

„Weine nicht, Felix. Jetzt hast du ja mich. Ich werde schon auf dich aufpassen und bin ab sofort dein neuer Freund.", rief Willi.

„Danke. Du bist der Beste!", sagte ich.

Nun sprang Willi auf meine Hand und wir umarmten uns. Besser gesagt, er umfasste meine Schnauze mit seinen Händen und gab mir ein kleines Küsschen auf die Wange.

Doch die Freude über die neue Freundschaft hielt nicht lange an. Denn es kam nämlich ein längliches Tier ziemlich flink auf uns zu und rief mit bedrohlicher Stimme: „Hau da ab du grünes Wesen und mache den Weg frei. Ich will diese kleine Maus dort zum Frühstück einladen. Oder willst du auch mit frühstücken? Das würde dann aber nicht sehr angenehm für dich werden."

„Bitte, Felix. Beschütze mich vor ihr. Das ist Klara die Klapperschlange. Sie will mich fressen.", sprach Willi mit ängstlicher Stimme.

„Habe keine Angst. Dir wird nichts mehr passieren. Das verspreche ich dir.", sagte ich zu ihm. Und der Klapperschlange antwortete ich: „Du bekommst die Wüstenrennmaus nicht. Willi ist mein Freund. Und meine Freunde frisst man nicht. Da kann ich sehr böse werden."

„Ach, ja? Und was wirst du machen, wenn ich es doch tun sollte?"

„Solltest du ihm zu nahekommen, dann werde ich dir mal meinen schönen Feuerstrahl zeigen. Und das wird für dich nicht sehr angenehm werden. Also lass meinen Freund in Ruhe. Haben wir uns da verstanden?"

„Ist ja gut. Ich lasse ihn schon in Ruhe. Du hast mich davon überzeugt. Aber was soll ich sonst fressen? Ich bin schon seit Tagen auf der Suche nach Futter und meine Familie wartet auch schon auf mich. Verstehst du das? Ich habe drei kleine

Kinder. Sie warten sicher schon auf mich und haben bestimmt großen Hunger."

Ich überlegte kurz und antwortete schließlich: Weißt du was? Du bekommst von mir eine Kokosnuss geschenkt. Davon hat dann deine ganze Familie etwas. Du wirst

satt, dein Mann und deine Kinder auch. Ich bringe dir die Nuss auch nach Hause, da sie doch recht schwer ist. Das mache ich aber nur, wenn du mir versprichst, keine Wüstenrennmäuse mehr zu jagen und zu fressen. Ich bekomme das raus. Ich habe meine Ohren überall."

„Das habe ich verstanden. Ich verspreche dir hiermit hoch und heilig, dass ich keine Mäuse mehr jagen werde."

„Also gut, dann machen wir uns mal auf den Weg zu dir nach Hause."

„Danke, du bist wirklich ein netter Drache. Ich werde das allen Tieren hier erzählen.", sprach Klara die Klapperschlange.

Nachdem die Kokosnuss bei der Familie abgeliefert war, brachen Willi und ich auf, um weitere Freunde zu suchen.

Die Familie um Klara Klapperschlange schaute uns noch lange nach, bis wir nicht mehr zu sehen waren.

Die Sonne ging langsam unter, der Himmel leuchtete orange und es wurde langsam kühler.

So ging ein ereignisreicher Tag zu Ende und alle waren glücklich.

Harry der Hase

Es war bereits dunkel, als Willi und ich einen großen Baum gefunden hatten, unter dem wir die Nacht verbringen wollten.

Kaum dass wir eingeschlafen waren, begann ich zu träumen.

In dem Traum flog ich über eine blühende Wiese. Ganz in ihrer Nähe befand sich ein wunderschöner See, dessen Wasser im Sonnenlicht glitzerte. Und auf diesem See waren kleine Schwäne und Enten zu sehen. Sie halfen sich gegenseitig beim Futtersuchen. Ja, sogar wenn Feinde kamen, schlugen sie den Eindringling in die

Flucht. Denn nur gemeinsam ist man stark.

Ich flog zu ihnen und fragte sie neugierig: „Wie kommt es denn, dass ihr euch gegenseitig helft?"

„Das ist ganz einfach", antwortete eines der Schwanenkinder.

„Hör gut zu, was wir dir jetzt sagen werden."

„Es ist egal, was für ein Tier du bist. Alle sollten sich respektieren und Freundschaften schließen. Denn nur dann, hat man in einer gefährlichen Situation das beruhigende Gefühl, dass man nicht alleine ist und Freunde im Hintergrund hat, die einem helfen."

Ich hatte die Worte der Schwäne und Enten im Kopf und dachte darüber nach, was sie mir so eben gesagt hatten, als mich die Stimme von Willi aus dem Traum riss.

Willi rief: „Hey, Felix. Wach auf und schau dir das mal an!"

Ich öffnete die Augen und traute denselben nicht. Wir befanden uns nämlich plötzlich nicht mehr in der Wüste, sondern auf einer blühenden Wiese. Und ganz in der Nähe befand sich ein wunderschöner See. Auf ihm schwammen achtzehn Enten- sowie Schwanenkinder, die sich gegenseitig halfen.

Konnte es denn wirklich wahr sein?

Eines der Schwanenkinder kam auf mich zu geschwommen und fragte mich: „Na, Felix. Hast du über unsere Worte nachgedacht?"

In diesem Moment wusste ich, dass ich doch nicht geträumt hatte. Dieses Gespräch hatte es also wirklich gegeben.

Nur: wie kamen wir von der Wüste, an diesen wunderschönen Ort? Das konnte mir keiner beantworten.

„Und, hast du nun schon drüber nachgedacht, oder nicht?"

„Ja, ja. Und ich finde, dass ihr damit Recht habt. Freundschaft ist wirklich wichtiger als Krieg und Streit."

„Worüber redet ihr denn da gerade?", wollte Willi wissen.

„Das erkläre ich dir später. Es ist ein bisschen kompliziert", antwortete ich.

„Immer später. Warum denn nicht gleich? Zu Hause hieß es auch immer, dass mir etwas später erzählt wird. Das finde ich gemein.", rief Willi und verzog dabei sein Gesicht.

„Ich erzähle es dir wirklich bald. Versprochen ist versprochen."

Damit gab sich Willi vorerst zufrieden. Doch es sollte nicht lange andauern.

Als wir uns von den Schwänen und Enten verabschiedet hatten, kletterte Willi auf meinen Rücken, hielt sich an meinem Hals fest und ich erhob mich kurze Zeit später in die Lüfte.

Unter uns waren der See und die große Wiese mit den wundervollen Blumen und über uns der strahlend blaue Himmel zu sehen. Es sah fantastisch aus. Alles wirkte von hier oben aus so klein und unbedeutend. Einfach wie Spielzeug.

Wenn die Probleme in der Welt auch so klein wären, dann würde dies wunderschön sein.

Dies dachte ich so bei mir, während des Fluges über diese wundervolle Wiese.

Plötzlich sagte Willi: „Hallo, Kapitän! Baum in Sichtweite."

Ich schaute nach vorne und sah ihn. Er kam immer näher.

„Halt dich gut fest!", rief ich Willi zu. Dann flog ich eine scharfe Linkskurve und streifte dabei einen dicken Ast.

Benommen von dem Zusammenstoß, landete ich neben dem Baum. Noch nie hatte ich so viele Sterne auf einmal gesehen. Nach einer Weile fragte Willi mich: „Was war mit dir denn los? So verträumt kenne ich dich ja gar nicht. Hast du etwa über diese komische Sache nachgedacht? Ich meine, ob du darüber nachgegrübelt hast, wie wir von der Wüste weggekommen sind."

„Ach weißt du. Ich habe über so einiges nachgedacht. Zum Beispiel darüber, dass es doch schön wäre, wenn es keinen Streit mehr auf der Erde geben würde."

„Da hast du ja Recht. Aber deshalb muss man doch nicht gleich gegen einen Baum fliegen."

„Wie war das nun mit dem Gespräch, welches du mit diesem Schwanenkind geführt hast?"

Ich erzählte Willi von der Geschichte.

Zumindest versuchte ich es. Denn er verstand die Sache überhaupt nicht. Willi schüttelte die ganze Zeit mit dem Kopf.

„Was ist denn mit dir los?", wollte ich von ihm wissen.

„Glaubst du die Geschichte nicht?"

Willi gab mir auf diese Frage keine Antwort. Es schien so, als würde er mich gar nicht hören.

Also ließ ich ihn in Ruhe.

So gegen Mittag fragte ich Willi: „Hast du auch so einen großen Hunger wie ich?"

„Oh, ja. Wollen wir uns einen Fisch fangen und den dann teilen?"

„Und wer soll ihn fangen, wenn ich mal fragen darf?"

„Du natürlich. Immer der, der fragt. Ich werde während dessen ein bisschen Holz sammeln und Feuer machen.", antwortet Willi.

„Aber du kannst doch hier kein Feuer machen. Sollen denn die Vögel, die im Baum leben, in die Flucht geschlagen werden?"

„Natürlich nicht. Aber wie willst du den Fisch denn sonst zubereiten?", fragte Willi neugierig.

„Das wirst du dann schon sehen. Du kannst ja schon mal ein paar Waldbeeren pflücken gehen. Die gibt es dann nach dem Mittagessen."

„Das ist eine sehr gute Idee. So machen wir das!", rief Willi aufgeregt.

„Aber pass auf dich auf und lauf nicht zu weit weg. Nicht das wir uns verlieren.", rief ich ihm noch zu.

Und als er nicht mehr zu sehen war, machte ich mich auf den Weg zum See.

Dort angekommen, trank ich etwas von dem Wasser. Es war so schön kühl und erfrischend.

Plötzlich hüpfte etwas an mir vorüber. Es hatte einen Stummelschwanz, einen kleinen Schnurrbart, kurze Beine und zwei lange Ohren.

Neugierig beguckte und beschnupperte mich dieses Wesen. Es fragte mich: „Hallo, was bist du denn für ein Tier und wie heißt du?"

„Ich heiße Felix und bin ein kleiner Dra-che.", antwortete ich. „Und wer bist du?"

„Ich bin ein Hase und heiße Harry. Nett dich kennen zu lernen, Felix!"

Harry reichte mir zur Begrüßung seine Pfote. Außerdem gab er mir ein längliches, orangenes Ding. Ich fragte ihn neugierig: „Was ist das?"

„Das kennst du nicht? Das ist eine Möhre. Sie schmeckt sehr gut und ist außerdem noch gesund. Probiere doch mal."

„Bist du etwa noch skeptisch? Brauchst du doch nicht sein. Es ist nicht giftig. Ich verspreche es dir."

„Also gut. Dann werde ich sie mal probieren." Ich war vorsichtig und biss deshalb erst einmal nur ein kleines Stück ab. Und ich war überrascht, wie sehr sie mir schmeckte.

„Soll ich dir die Stelle zeigen, wo noch mehr Möhren wachsen?", wollte Harry wissen.

„Gerne doch. Aber erst muss ich für meinen Freund Willi und für mich einen Fisch fangen. Wir haben nämlich noch nichts gegessen."

„Da passen Möhren doch gut dazu. Immer wenn ich am Haus der Menschen vorbei gehoppelt bin und heimlich durch das Fenster geschaut habe, da konnte ich sehen, dass auf dem großen Teller, auf dem der Fisch lag, auch Möhren waren. Also muss das ja zusammengehören."

„Und du kennst also die Menschen? Wie sind sie denn?", fragte ich neugierig.

„Also die Menschen, die ich gesehen und kennen gelernt habe, waren sehr freundlich. Sie haben mir sogar jeden Tag frischen Salat hingestellt. Sie mögen nur nicht, wenn ich so oft an ihre Möhren gehe. Ich kann das ja auch verstehen. Aber sie schmecken halt so gut."

„Das kann ich dir nur bestätigen. Sie schmecken wirklich ausgezeichnet."

„Nun muss ich wirklich erst einmal einen Fisch fangen. Und dann kannst du mir die Stelle mit den Möhren zeigen.

Manfred der Maulwurf

Nachdem ich einen großen Fisch gefangen hatte, ging ich wieder zurück zu dem Baum, wo Willi auch schon auf mich wartete.

„Wo warst du denn so lange? Ich wollte dich schon suchen gehen.", sagte Willi.

„Ich habe Harry kennen gelernt. Außerdem hat es ziemlich lange gedauert, bis ich einen großen Fisch gefangen habe.", antwortete ich.

„Aha. Und wer ist Harry, wenn ich mal fragen darf."

„Den wirst du nach dem Mittagessen kennen lernen. Er wird uns dann auch eine Stelle zeigen, wo es leckere Sachen zu essen gibt."

„Darauf bin ich gespannt", antwortete Willi.

Nachdem ich den Fisch auf einen Stock gespießt hatte und ihn von der Sonne habe grillen lassen, ließen wir ihn uns schmecken.

Dann ging es zum See, wo Harry auch schon auf uns wartete.

„Hallo ihr zwei. Freut mich, dass ihr gekommen seid!", rief Harry.

„Was ist das denn für ein Tier?", wollte Willi wissen.

„Hallo mein Freund. Ich heiße Harry und bin ein Feldhase. Und wenn ich richtig informiert bin, musst du Willi sein."

Willi staunte nicht schlecht und fragte ihn: „Woher weißt du das denn?"

„Das hat mir der Wind ins Ohr geflüstert. Ich kenne ihn sehr genau."

„Und du kannst wirklich mit dem Wind sprechen? Das ist ja sehr interessant. Und was sagt er jetzt?"

Harry und ich fingen an zu lachen. Willi wusste jedoch nicht, weshalb.

„Mensch, Willi. Ich habe ihn doch vorhin schon kennen gelernt. Und da habe ich ihm von dir erzählt."

„Jetzt verstehe ich. Und da lasst ihr mich einfach so in die Falle laufen? Das finde ich aber nicht nett von euch.", sprach Willi und setzte sich mit rotem Kopf an den See.

„Komm mit, Willi! Ich zeige dir und Felix jetzt die Stelle, wo es viele leckere Sachen gibt.", sagte Harry.

Also machten wir uns auf den Weg zu einem großen Feld. Nach kurzer Zeit kamen wir dort auch an.

Willi machte große Augen. So etwas hatte er nämlich noch nicht gesehen.

„Was ist das?"

„Das sind Möhren. Sie sind sehr gesund und schmecken auch. Hier, probiere doch mal."

„Danke.", sagte Willi und knabberte an der Möhre.

„So was Gutes habe ich ja noch nie gegessen. Da könnte man ja süchtig werden. Ich glaube, ich werde mir noch eine holen."

Und schon sprang Willi mitten ins Feld und stibitzte sich eine große Möhre.

Plötzlich hörten wir hinter uns ein unheimliches Knacken und dann ein Knurren. Wir drehten uns um und erkannten, dass es sich hierbei um einen Hund handelte.

Es war ein Dackel. Er hatte braunes Fell, kurze Beine und blaue Augen.

„Was wollt ihr hier? Verschwindet von dem Feld. Oder soll ich euch dabei helfen?"

„Es tut mir leid. Aber ich wollte den Beiden doch nur zeigen, wo es dieses leckere Gemüse gibt. Lass uns nur eine Möhre essen. Dann sind wir auch schon wieder weg. Felix, Willi und ich wollen nämlich weiterreisen.", antwortete Harry.

„Na gut. Aber nur eine. Und beeilt euch. Bevor der Bauer kommt. Du weißt was das heißt."

„Danke schön. Du bist sehr nett. Ich heiße Felix und bin ein Drache. Und wie heißt du?", wollte ich wissen.

„Ich heiße Doro."

Willi kniff mir in den Flügel und fragte mich leise: „Kannst du mich nicht auch mal vorstellen?"

„Oh, Entschuldigung. Das hole ich doch gleich mal nach. Also, Doro. Darf ich vorstellen? Das ist Willi. Er ist eine Wüstenrennmaus."

Doro reichte Willi die Pfote und sagte zu ihm: „Nett dich kennen zu lernen. Warum

hast du dich denn nicht selber vorgestellt?"

„Ich habe mich das nicht getraut.", antwortete Willi und wurde dabei rot wie
eine Tomate. So peinlich war ihm das.

„Entschuldigung, dass ich störe Leute,
aber wir müssen langsam weiter. Wir wollen doch noch ein Stück schaffen.",
sprach ich.

„Schade. War trotzdem nett dich kennen
zu lernen Doro. Vielleicht sieht man sich
ja mal wieder."

„Das will ich doch auch hoffen.", antwortete Doro. Und in ihren Augen schimmerten zwei Tränen.

Nachdem Willi auf meinen Rücken gesprungen war, hob ich ab und

flog, der Sonne entgegen. Doch wie lange sie noch schien, wussten wir nicht. Denn ganz in ihrer Nähe türmte sich ein schwarzer Wolkenberg auf, der immer bedrohlicher wurde.

Und Doro ging zum Bauernhof zurück, wo auch schon der Bauer auf sie wartete.

„Komm mein Mädchen. Lass uns rein gehen. Es wird bestimmt gleich anfangen zu gewittern.", sagte der Bauer.

Folgsam trottete sie hinterher.

In der Zwischenzeit hatten wir in einer Höhle Schutz gesucht.

Kaum waren wir dort, fing es auch schon an zu stürmen, zu hageln und zu blitzen.

Die Blätter der Bäume tanzten im Wind und wurden richtig durcheinandergewirbelt. Es sah fantastisch und bedrohlich zu gleich aus.

Nachdem wir uns eine ganze Weile das Naturschauspiel angesehen hatten, schliefen Willi und ich irgendwann ein.

Am nächsten Morgen wurden wir vom Gezwitscher der Vögel geweckt.

Als wir aus der Höhle sahen, bot sich ein wundervolles Bild.

Die Regentropfen auf den Blättern und Blüten, sowie auf den zahlreichen Spinnennetzen glitzerten wie Diamanten im Sonnenlicht. Außerdem sah man die silbernen Spuren der Schnecken.

„Schau mal Felix. Warum bewegt sich dort hinten die Erde?"

„Ich weiß es nicht. Lass uns mal nachschauen."

„Kannst du das nicht alleine machen? Ich trau mich nicht.", antwortete Willi ängstlich.

„Also gut. Dann bleib du halt hier und halte die Stellung.", antwortete ich.

Noch etwas müde und mit Neugier ging ich auf den Ort zu, wo sich die Erde bewegte.

Ich wollte mir die Stelle gerade näher an-
schauen, als ich eine Ladung voll Erde mitten ins Gesicht bekam.

„Hey, was soll denn das!", schrie ich.

Ein kleines Tier mit einem schwarzen,
kurzen Fell, einer Brille auf der Nase und
einem Spaten in der Hand, schaute aus
dem Haufen hervor und sah mich an.

„Habe ich dich etwa getroffen? Das
wollte ich nicht. Bist du sehr dreckig geworden?"

„Nicht so schlimm. Aber mal eine Frage:
Warum machst du das?"

„Ich bin gerade dabei meine Wohnung zu vergrößern."

„Ach übrigens! Ich heiße Manfred Maulwurf. Und wie ist dein Name?"

„Ich heiße Felix und bin ein Drache."

„Wow. Ich habe noch nie einen Drachen gesehen. Bist du ein echter?"

„Ja, ich bin ein richtiger Drache."

„Aber sonst sind Drachen doch eher groß. Und du bist klein."

„Ich bin ja auch noch jung.

„Meine Eltern sind viel größer. Genau wie meine Geschwister."

„Und wo lebt ihr?", wollte Manfred wissen.

„Ach weißt du, ich lebte früher mit meiner Familie auf der Insel Hula. Doch nun wohne ich dort alleine."

„Aber warum denn das?"

„Meine Eltern und Geschwister wurden von Menschen mit auf ihr Schloss genommen. Darum bin ich nun ganz alleine dort. Ich vermisse sie so sehr.", antwortete ich und begann zu weinen.

„Das glaube ich dir. Du tust mir wirklich leid.“, sprach Manfred.

„Kann ich dir irgendwie helfen?“

Ich schaute Manfred an und blickte ihm, mit Tränen in den Augen, in die selbigen. Und da ahnte Manfred, wie er mir helfen konnte.

Alfred Ameise

„Möchtest du, dass ich dein Freund werde? Ich hätte nichts dagegen. Du bist mir nämlich sehr sympathisch.", sagte Manfred nach einer Weile.

„Das wäre schön. Und wenn du willst, dann zeige ich dir mal meine Insel."

„Aber gerne doch. Ich bin schon sehr gespannt."

„Felix…!", rief es plötzlich. „Felix! Wo bleibst du denn? Ist was passiert?

„Nein, Willi. Komm doch mal her. Ich möchte dir jemanden vorstellen.", rief ich ihm zu.

Geschwind kam er zu uns.

Völlig außer Atem fragte er mich: „Und, wen willst du mir vorstellen?"

„Willi, das ist Manfred Maulwurf. Er war es, der die Erde bewegt hatte. Manfred ist nämlich gerade dabei, seine Wohnung zu vergrößern."

„Ach so. Jetzt verstehe ich. Also war es kein Erdbeben.", sagte Willi.

Manfred begann laut zu lachen und fragte: „Habt ihr wirklich gedacht, dass es ein Erdbeben ist? Nur weil sich die Erde bewegt hat? In dieser Gegend gibt es so etwas überhaupt nicht. Ihr könnt also ganz beruhigt sein."

„Da fällt mir aber wirklich ein Stein vom Herzen. Und der ist nicht gerade klein.", sprach Willi.

„Das haben wir gehört. Der wog doch sicher sehr viel."

„Davon kannst du ausgehen."

Manfred fing an, laut zu lachen. Nach einer Weile sagte er: „Kommt mit ihr beiden. Ich werde euch mal meine Wohnung zeigen."

„Das ist ja toll.", sagte Willi. Da bin ich ja mal gespannt, wie sie aussieht."

„Ich würde ja gerne mitkommen", sagte ich. „Aber ich bin dafür leider viel zu groß. Schaut sie euch mal alleine an und erzählt mir nachher, wie sie aussieht.", sagte ich.

„Ich will dich aber nicht alleine lassen.", sagte Willi.

„Es würde mir wirklich nichts ausmachen. Gehe einfach mit. Damit würdest du mir eine Freude machen."

„Also gut. Dann bis nachher!"

Und schon waren Manfred und Willi im Loch verschwunden.

In der Zwischenzeit machte ich einen Spaziergang und genoss das herrliche Wetter.

Es war ein strahlend blauer Himmel, die Sonne lachte und die Vögel brachten mir ein kleines Ständchen.

Begeistert klatschte ich Beifall und bat sie um eine Zugabe. Diesen Wunsch erfüllten sie mir sofort.

Als das Konzert vorbei war, bedankte ich mich bei den Vögeln und ging wieder zu

Manfreds Wohnung, wo die beiden auch schon auf mich warteten.

„Wo bist du denn gewesen? Du siehst ja glücklich aus. Hast du etwa jemanden kennen gelernt?"

„Ja, gleich zwölf nette Tiere. Es waren Finken. Sie gaben ein paar ihrer einstudierten Lieder zum Besten. Und da es so schön war, bin ich nun glücklich.", antwortete ich.

„Ja, die Finken können wirklich ein paar schöne Lieder singen.", antwortete Manfred.

Wir unterhielten uns noch eine ganze Weile. Dann bekamen wir Hunger und suchten uns etwas zu Essen.

Nachdem wir uns von Manfred verabschiedet hatten, zogen Willi und ich weiter, da wir das gute Wetter noch ausnutzen wollten.

Unter einem großen Baum sahen Willi und ich einen kleinen braunen Haufen, in dem viele kleine Tierchen umher krabbelten.

Eines dieser winzigen Wesen war besonders aufgeregt und rief: „Alarm! Alarm! Feinde vor unserem Haufen!"

„Aber nein, wir sind keine Feinde. Mein Freund und ich wollten nur spazieren gehen.", antwortete ich.

Plötzlich tauchte ein Tierchen direkt vor uns auf und fragte mit heller Stimme: „Was wollt ihr von uns? Wer seid ihr?"

„Ich bin Felix und das ist mein Freund Willi. Wir sind schon weit gereist und auf der Suche nach neuen Freunden. Und wer bist du?"

„Ich heiße Alfred und bin eine Ameise. Genauer gesagt bin ich Graf Alfred. Das sieht man ja schon an meiner Kleidung, oder etwa nicht?"

Wir verbeugten uns und waren voller Ehr-furcht. Einen echten Grafen zu sehen, war etwas Besonderes für uns.

Alfred sagte: „Ihr müsst doch keinen Knicks machen, nur weil ich eine höhere Stelle habe. Behandelt mich ganz normal. Denn „Graf" ist nur eine Bezeichnung."

Und zu den anderen Ameisen sagte er: „Kommt schon raus. Ihr braucht keine Angst zu haben. Die Beiden sind nur auf der Suche nach neuen Freunden. Begrüßt unsere Gäste und dann lasst uns feiern!"

Gesagt, getan. Bis in den nächsten Mor-gen hinein feierten wir ein großes Fest. Es wurde gegessen, getrunken, getanzt, Musik gemacht und gelacht.

Und Willi fand sogar eine neue Freundin. Sie hieß Emily und war auch eine Wüstenrennmaus.

Sie erzählte ihm, dass ihre Familie vor Feinden fliehen musste und Emily die Einzige war, die den Angriff überlebte. Außerdem berichtete Emily davon, wie Alfred sie gefunden und aufgenommen hatte.

Das Ganze war 2 Monate her. Mit Hilfe der Ameisen, konnte die Wüstenrennmaus dieses schreckliche Erlebnis verarbeiten.

So geschah es, dass Emily mit uns weiterzog, da sie froh war, Willi kennen gelernt und sich in ihn verliebt zu haben.

Am nächsten Morgen, es war noch sehr früh, verabschiedeten wir uns von den Ameisen.

In Emilys Augen schimmerten ein paar Tränen, da sie sich so an Alfred und die anderen gewöhnt hatte.

Ihm ging es nicht anders.

Doch Emily blickte nach vorne und wusste in ihrem Inneren, dass sie die richtige Entscheidung getroffen hatte.

Susi Salamander

Alfred versprach, mich auf meiner Insel zu besuchen.

Der Abschied fiel uns allen schwer. Besonders Emily hatte Probleme damit. Doch der Schmerz über den Verlust verging, als sie von Willi getröstet wurde.

Dann ging es für uns weiter. Die beiden Wüstenrennmäuse stiegen auf meinen Rücken. Als sie richtig platziert waren, erhob ich mich in die Lüfte.

Noch einmal umkreiste ich den Baum, unter dem Alfred mit seiner Truppe lebte und flog schließlich der roten Sonne entgegen. Es war ein zauberhafter Anblick und die Luft roch richtig frisch. So, als ob jemand gerade den Rasen gemäht hätte.

Glücklich über seine große Liebe, strahlte Willi über das ganze Gesicht und flüsterte mir leise ins Ohr: „Danke, dass Emily mitkommen durfte. Das werde ich dir nicht vergessen. Denn ich liebe sie wirklich sehr."

„Ist schon in Ordnung. Ich habe genau gesehen, wie glücklich ihr seid. Alles Gute für euch.", sagte ich.

Dabei schimmerten zwei Tränen in meinen Augen, da ich an meine Familie denken musste. Ich vermisste sie wirklich sehr.

Nachdem wir eine ganze Weile geflogen waren, bekamen Emily, Willi und ich etwas Hunger. Und so beschlossen wir, einen Platz zum Landen zu suchen.

Als Emily einen schönen Ort gefunden hatte, setzte ich die kleinen Wüstenrenn- mäuse ab. Danach flog ich unter eine große Linde, wo ich auch sofort einschlief.

Als ich erwachte war es schon Abend. Ne- ben mir lag ein Zettel. Er war von Willi und Emily. Die Beiden schrieben Folgendes: „Lieber Felix. *Wir sind dir für alles, was du für uns getan hast, unendlich dankbar. Hier möchten wir nun bleiben und eine kleine Familie gründen. Hoffentlich bist du jetzt nicht böse. Kommen dich auf alle Fälle besuchen. Viel Erfolg bei deiner Suche nach weiteren Freunden. Behalte uns bitte in guter Erinnerung. Denn wir werden dich auch nicht vergessen!!! Willi und Emily!*"

Etwas traurig darüber, dass ich nun alleine weiterziehen musste, aber auch froh über das Glück der Beiden, legte ich mich unter den Baum und schlief mit den Gedanken an meine Familie ein.

Der nächste Morgen war grau und regnerisch. Also kein schönes Flugwetter. Da holt man sich ja eher noch einen Schnupfen. Deshalb wartete ich unter der Linde auf schönes Wetter. Doch die Sonne wollte an diesem Tag einfach nicht scheinen.

Plötzlich huschte ein gelb-schwarzes Tier blitzschnell um meine Füße herum, lief auf meine Schulter, schüttelte sich und sagte mit einer hellen Stimme: „Ist das nicht ein schlechtes Wetter mein Freund?"

Ich bekam große Augen. Hatte sie da etwa gerade "mein Freund" gesagt? Habe ich mich da auch nicht verhört? Das kleine Wesen riss mich aus meinen Gedanken.

„Hey, hast du nicht gehört, was ich dich so eben fragte?"

„Doch, das habe ich. Möchtest du wirklich mein Freund sein? Also ich meine freundschaftlich gesehen? Ach man. Was rede ich da für ein Unsinn. Eins, zwei, drei. Nun noch einmal. Möchtest du wirklich mit mir befreundet sein? Warum denn einfach

reden, wenn es auch kompliziert geht.",
sagte ich mit einem roten Gesicht.

„Aber natürlich möchte ich mit dir befreundet sein. Ich heiße Susi und bin ein
Salamanderweibchen. Lass mich raten. Du
bist bestimmt der kleine Drache Felix.
Ich habe schon so viel Gutes über dich
gehört."

„Ach so? Von wem denn?", fragte ich neugierig.

„Von so vielen Tieren. Dein Erlebnis mit
Klara Klapperschlange hat sich herumge-

sprochen. Außerdem habe ich diese Wüstenrennmaus getroffen. Eine süße Freundin die er dort hat.", antwortete das

Salamander Weibchen.

„So ist Willi. Erzählt nie etwas Schlechtes über andere Tiere. Er ist schon ein
wahrer Freund."

„Ich bleibe bei dir. Egal was passiert. Das
verspreche ich hiermit hoch und heilig.",
sagte Susi.

„Darüber würde ich mich wirklich sehr
freuen.", antwortete ich.

Danach redeten wir noch eine ganze Weile und schliefen schließlich aneinander gekuschelt ein.

Am nächsten Morgen wurden wir von dem Gezwitscher der vielen Vögel geweckt. Als ich die Augen öffnete, war Susi nicht da. Nirgendwo zu sehen. Doch plötzlich kam das Salamander Weibchen auf mich zu gesprungen. Sie rief: „Guten Morgen du Schlafmütze. Komm, jetzt ist Frühsport angesagt. Ein paar Kniebeuge und Liegestütze schaden nicht. Sie halten fit. Also, los geht es."

Nachdem ich meine Flügel gestreckt hatte, tat ich es dem Salamander Weibchen gleich und machte Sport. Selbst wenn es nicht so leicht aussah und so schön wie bei Susi. Ich kam nicht so weit runter und auch schnell aus der Puste.

„Was ist das denn? Keine Müdigkeit vortäuschen. Das werden wir jetzt jeden Tag machen. Dann wirst du schon fit werden.", rief Susi.

Mich faszinierte bei ihr, dass sie innerhalb kürzester Zeit vom Befehlston zum freundlichen oder einfach zum lustigen

Ton wechseln konnte. Das läge in ihrer Natur. So erklärte es Susi.

Nach dem Sport aßen wir ein paar Waldbeeren zum Frühstück und tranken das erfrischende Wasser aus dem nahegelegenen See.

Danach sonnten wir uns ein wenig. Als es uns jedoch um die Mittagszeit herum zu langweilig wurde, da beschlossen Susi und ich weiter zu ziehen.

Durch den Wind, der uns um die Nase wehte, war das Laufen angenehm. Was aber auch gefährlich war. Denn die kühle Brise ließ uns nicht merken, dass uns die

Sonne den Rücken verbrannte. Das schmerzhafte Ergebnis bekamen Susi und ich erst am Abend zu spüren.

Susi fing plötzlich an zu lachen und rief: „Wie siehst du denn aus? Ein Drache mit einem roten Rücken. So etwas gab es bestimmt noch nicht. Du bist sicher der Einzige mit so einer Färbung."

Mit einem Grinsen betrachtete ich das Salamanderweibchen und sagte zu ihr: „Du siehst auch nicht besser aus. Genauso bunt wie ich. Die roten Punkte zwischen den gelben und schwarzen Flecken sehen einfach süß aus. So, und nun lass uns schlafen. Wir haben morgen noch viel vor."

„Gute Nacht, Felix. Und träume was Schönes. Ich habe dich wirklich gerne.", sagte Susi und schlief in meinen Armen ein.

Dirk der Delfin

Am nächsten Morgen wurden wir von einem entsetzlichen Geschrei geweckt.

Ein Reh rief uns laut zu: „Wacht auf ihr Beiden. Der ganze Wald steht in Flammen. Lauft so schnell es nur geht zum See. Dort ist Treffpunkt. Bitte beeilt euch. Ich werde in der Zwischenzeit die Anderen warnen."

„Sollen wir dir nicht lieber helfen? Die kleinen Tiere, wie zum Beispiel die Mäuse, könnte ich zum See rüber fliegen. Du brauchst nur ein Wort zu sagen."

„Also gut. Aber du musst schnell sein. Wir haben nicht mehr viel Zeit.", antwortete das Reh.

„Hilfe, bitte Hilfe!", rief es aus einiger Entfernung.

„Ich kann Nichts mehr sehen."

„Rufe weiter. Dann finde ich dich. Gib nicht auf. Wir sind gleich bei dir.", schrie ich ihm zu.

Außerdem sagte ich mehr zu mir, als zu Susi: „Hätte ich doch nur den blauen Zauberring von meinem Opa dabei. Dann

könnte ich den Waldbrand sofort löschen."

Das Salamanderweibchen machte große
Augen.

„Soll das etwa heißen, dass der große,
freundliche Drache Heinz dein Opa war?"

„So ist es. Woher kanntest du ihn denn?",
wollte ich wissen.

„Ich selber habe ihn nie gesehen. Aber
meine Verwandten waren mit ihm befreundet. So wie wir beide jetzt."

„Wir können uns darüber später ja mal
unterhalten. Aber jetzt ist dafür keine

Zeit. Denn die Tiere müssen alle gerettet werden.", antwortete ich.

„So machen wir das.", antwortete Susi.

Und kurze Zeit später hatten wir das erste kleine Tier gerettet. Es war ein Eichhörnchen.

„Danke. Ich werde dich nie vergessen.", sagte es. Ich heiße übrigens Emma.

Als die Sonne hoch am Himmel stand, waren alle Tiere am See versammelt. Oder etwa doch nicht? Wo waren Willi und Emily?

Plötzlich hörte ich Susi rufen. Sie schrie: „Felix, Felix! Schau mal wer hier ist. Willi und Emily sind da!"

Ich drehte mich um, sah die beiden Wüstenrennmäuse und lief ihnen entgegen. Als wir uns trafen war die Freude riesig und es flossen Tränen.

Willi sagte: „Wir lassen dich nie wieder alleine. Die nächste Zeit jedenfalls nicht."

Und Emily fügte hinzu: „Ja, denn du bist für uns ein Held."

Gerührt von dieser Aussage, blickte ich in die Richtung von Susi. Und in ihren Augen erkannte man, dass sie über eine Sache sehr traurig war.

Ich ging mit den beiden Wüstenrennmäusen im Schlepptau zu ihr hin und fragte sie nach dem Grund weshalb sie weine.

Susi antwortete: „Dieser Wald war mein zu Hause. Ich habe durch dieses Feuer alles verloren. Wo soll ich denn jetzt leben?"

„Ich habe es!", rief ich. „Du ziehst einfach zu mir auf die Insel. Ich bin dort nämlich sehr alleine. Und wenn du da wärst, dann hätte ich sehr liebe und nette Gesellschaft."

„Meinst du wirklich, dass es geht? Was ist denn so Besonderes an der Insel? Hat sie etwa einen großen Vulkan? Erzähle mir bitte mehr darüber. Wie ist es auf der Insel zu leben? Anders als im Wald oder auf dem Land? Mach es nicht so spannend. Tue mir mal den Gefallen. Ich bin jetzt auch ganz still.", sagte Susi.

„Also gut. Dann erzähle ich dir mal ein bisschen über mein zu Hause. Die Insel trägt den Namen "Hula". Warum? Das weiß ich nicht. Hula ist weit weg von hier.

Jedenfalls gibt es dort eine Menge Sand, einen großen Vulkan, Palmen und ein paar riesige Felsbrocken. Es ist dort wirklich wunderschön. Und wenn die Wellen gegen die Felsen schwappen und man die Augen schließt, dann könnte es passieren, dass das Gefühl in einem geweckt wird, sie würden mit einem reden. Diese Insel will ich nie verlassen. Gegen ein Leben auf dem Land oder im Wald also nie eintauschen. Kannst du das verstehen?"

„Ja, kann ich. Es scheint wirklich sehr beeindruckend zu sein. Also gut, ich werde mit dir mitkommen. Ein Versuch ist es wert.", antwortete das Salamanderweibchen.

Somit war das geklärt. Nur ein Problem gab es noch. Wo sollten die ganzen Tiere hin? Es war schwierig.

Aus diesem Grunde wurde eine Versammlung einberufen, zu der auch alle Bewohner des zerstörten Waldes kamen.

Der Uhu führte die Gespräche und gab nach Ende der Befragung bekannt: „Heute werden wir alle am See übernachten. Und morgen dann sehr zeitig in Richtung Süden ziehen. Nicht weit von unserem entfernt, habe ich einen anderen

Wald gesehen. Noch schöner als dieser hier. In ungefähr zwei Tagen könnten wir dort sein."

Über diese gute Nachricht freuten sich die Waldbewohner sehr und feierten ein Fest. Sie tauften es "Vollmondfest", da der Mond in dieser Nacht in all seiner Pracht am Himmel stand.

In der Morgendämmerung zogen die Tiere weiter. Sie waren schon sehr gespannt, wie ihr neues zu Hause wohl aussehen möge. Bis dahin war es noch ein langer Weg mit einigen Hindernissen. Doch nach zwei Tagen Wanderung waren sie da.

Ganz erstaunt über die Schönheit des Waldes, blieben die Tiere stehen. Der Uhu hatte recht gehabt. So grün wie das Gras und die Bäume waren…

… das war schon sehr beeindruckend.

Überall blühten bunte Blumen und die Pilze ragten zahlreich aus dem Boden. Wie im Paradies.

Plötzlich trat eine große Gruppe von Rehen und Hasen aus dem Wald und hieß alle herzlich Willkommen.

Die Tiere hatten also ihr neues zu Hause gefunden. Und für mich hieß es nun Abschied nehmen. Denn schließlich wartete meine Insel.

„Komm, Susi. Es wird Zeit. Jetzt zeige ich dir mein zu Hause. Oder willst du auch hierbleiben?"

„Nein, ich lasse dich nicht alleine. Das habe ich dir doch versprochen.", sagte das Salamanderweibchen.

Noch einmal tief durchgeatmet und dann ging es in Richtung Heimat. Ich freute mich schon sehr darauf und zählte die

Stunden und Minuten, bis ich endlich zu Hause war.

Wir flogen über Berge und Täler sowie über Wiesen und Felder.

Susi und ich legten an diesem Tag eine sehr weite Strecke zurück. Dabei kam das Essen ein wenig zu kurz, da wir schnell ankommen wollten.

Als Susi und ich über dem Atlantischen Ozean waren, sprang plötzlich ein Wesen aus dem Wasser und schrie: „Vorsicht da oben. Ball im Anflug!"

Doch da war es schon zu spät. Wir wurden getroffen und stürzten ins Meer.

Susi ruderte mit ihren kleinen Ärmchen und wurde panisch. Denn sie konnte nicht schwimmen.

Zum Glück war das Tier zur Stelle, tauchte unter Susi und setzte sie sich auf den Rücken.

Das Salamander Weibchen schnappte nach Luft und hustete das verschluckte Wasser wieder aus.

„Ist dir was passiert? Geht es dir gut?", wollte das große Wesen wissen.

„Alles in Ordnung. Aber mal eine Frage. Was bist du für ein Tier und wie heißt du?", antwortete Susi.

„Ich heiße Dirk und bin ein Delfin. Und wie heißt hier?"

„Hallo! Ich heiße Felix und das ist Susi. Wir sind auf dem Weg zu meiner Insel. Gar nicht mehr weit von hier. Möchtest du uns nicht begleiten?"

„Das würde ich wirklich gerne tun. Aber wer passt dann auf meine Frau und meinen kleinen Jungen auf. Er ist doch erst fünf Monate alt."

„Das ist doch kein Problem.", sagte ich. „Sie kommen einfach mit."

„Ist das dein Ernst?", wollte Dirk wissen.

„Aber natürlich. Sonst hätte ich es doch nicht angeboten. Komm, ruf deine Familie und dann geht es weiter."

„Wisst ihr was ihr Beiden? Ich zeige euch mal meine Welt. Auf geht´s!"

Nur mit Mühe konnte ich den Delfin davon abbringen, da wir ja unter Wasser nicht atmen konnten.

Etwas enttäuscht darüber, schwamm der Delfin zu seiner Frau und seinem Kind.

Nach kurzer Zeit tauchte er mit den Beiden wieder auf und stellte sie uns vor.

Er sagte: „Das ist meine Frau Daisy und das ist mein Sohn Blue. Weil er so eine blaue Färbung an der Rückenflosse hat."

Und zu seiner Frau sagte er: „Und das sind Felix und Susi. Felix möchte uns seine Insel zeigen."

„Schön euch beide kennen zu lernen. Freut mich wirklich sehr.", sagte Daisy und reichte mir zur Begrüßung ihre Flosse.

Ihr kleiner Sohn war zwar am Anfang noch etwas scheu, aber das legte sich nach einer Weile.

Ein Tag später war es dann soweit. Die Insel tauchte am Horizont auf. Wie sehr ich diese Ansicht vermisst hatte.

Susi und die Delfine bekamen große Augen. Denn so etwas Schönes hatten sie noch nie gesehen.

Der große Vulkan von *Hula* rauchte gewaltig. Er stand kurz vor dem Ausbruch. Das wusste ich schon aus Erfahrung.

Außerdem kreisten ein paar Möwen über der Insel und begrüßten uns.

„Hallo Felix!!! Dich haben wir ja lange nicht mehr gesehen. Wo warst du denn die ganze Zeit?"

„Ich war auf der Suche nach neuen Freunden. Die habe ich auch gefunden. Und was habt ihr so gemacht?", fragte ich.

„Wir haben so lange auf die Insel aufgepasst. Ist aber nichts Aufregendes passiert.", antwortete eine der Möwen.

An der Insel angekommen, landete ich neben einer Palme, wo ich Susi ablud.

Susi begann gleich auf eigene Faust, die Insel zu erkunden. Erst am späten Abend tauchte sie wieder auf.

„Die Insel ist einfach herrlich. Ganz nach meinem Geschmack. Du hast nicht zu viel versprochen. Ich habe dir etwas mitzuteilen. Aber nichts Schlimmes. Eher eine gute Nachricht. Ich habe beschlossen, bei dir zu bleiben.", sagte das Salamanderweibchen zu mir.

Die Delfine klatschten Beifall und Dirk warf zur Feier des Tages den Ball in die Luft und ihn mir zu.

Die Delfinfamilie blieb noch bis in die Nacht hinein und schwamm dann wieder zurück nach Hause. Sie versprachen aber, uns zu besuchen.

Drei Monate später, Susi hatte sich schon sehr gut eingelebt, bekamen wir ein Paket und einen Brief. Sie wurden uns von Balu dem Blauwal zugestellt. Er war der Briefträger des Meeres.

Die beiden Sachen waren von all unseren Freunden.

In dem Brief stand Folgendes: „Lieber Felix und liebe Susi. Da staunt ihr, was? Wollten nur mal liebe Grüße aus dem Morgenwald schicken. Seid ihr gut auf der Insel Hula angekommen? Ach so. Ratet mal, wer uns hier besucht hat? Alfred, Harry und Manfred. Wollten mal schauen, wie wir hier so leben. Wir vermissen euch sehr. Doch bald ist es so weit, dass wir uns wiedersehen. Wollen euch nämlich besuchen kommen. Ach ja, bevor wir es vergessen: haben euch noch ein Paket zurecht gemacht. Mit einigen leckeren Sachen aus dem Wald. Liebe Grüße senden euch Willi, Emily und der Rest der Bewohner."

Susi und ich bereiteten sofort alles für den Besuch vor. Doch wann kamen sie eigentlich? Das stand doch nicht im Brief.

Plötzlich kam Blue zu uns und rief aufgeregt: „Felix, Felix! Dort hinten kommen viele Tiere! Ich glaube, sie sind Feinde."

Ich schaute in die Richtung und erkannte, dass es sich um die Waldbewohner handelte.

„Nein, Blue. Das sind keine Feinde, sondern Freunde von mir. Du brauchst keine

Angst zu haben. Sie tun dir nichts. Schwimm schnell hin und zeige ihnen den Weg hierher."

„Wird schon erledigt. Deine Freunde, sind auch meine Freunde ", sagte der Kleine.

Und keine zwei Stunden später, waren alle Tiere auf der Insel versammelt. Wir feierten ein großes Fest.

„Hier, Felix. Das ist für dich. Der Brief wurde uns für dich mitgegeben. Von wem er ist, wissen wir jedoch nicht.

Mach ihn doch mal auf.", sagte Willi.

Dies tat ich auch und konnte nicht glauben, was dort stand. Sollte ich etwa meine Familie bald in die Arme schließen können?

Wollt ihr wissen, wie es weiter geht und ob ich meine Familie schnell finden werde? Wie es mit meinen Freunden weiter geht? Und welche Abenteuer wir noch zusammen erleben?

Dann freut euch schon auf den dritten Teil.

Bis dahin alles Gute, euer Felix!

ENDE

Widmung

Dieses Buch habe ich für meine Kinder und für meine Nichte, sowie meinen Neffen geschrieben. Außerdem für mein Patenkind Johnny. Ihr seid einfach klasse.

Natürlich habe ich diese Geschichte auch für all meine großen und kleinen Leser geschrieben. Ich hoffe, ich konnte euch damit wenigstens ein kleines Lächeln ins Gesicht zaubern und Felix´ Welt hat euch gefallen.

Eure Evelyn!

Danksagung

Zum Schluss möchte ich mich noch bei meiner Familie für die großartige Unterstützung bedanken. Ohne sie hätte ich meine Ideen nicht umsetzen können.

Nicht zu vergessen, meine allerbeste Freundin und natürlich meine Testleser. Ihr seid die Besten!